Animales en mi patio

ZARIGÜEYAS

Jordan McGill

www.av2books.com

This AV² media enhanced book gives you a fully bilingual experience between English and Spanish to learn the vocabulary of both languages.

English

Spanish

AV² Bilingual Navigation

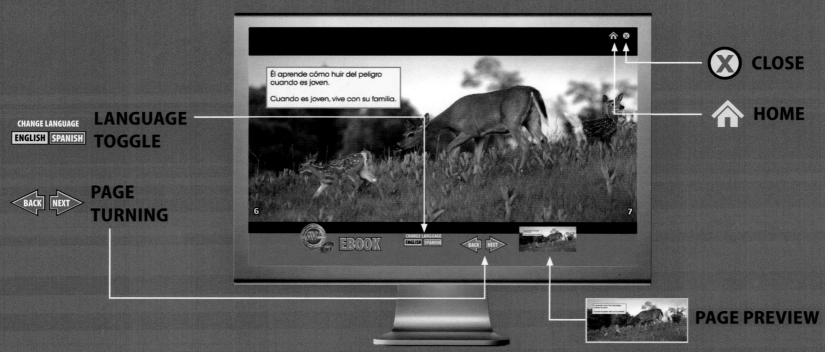

CHANGE LANGUAGE
ENGLISH **SPANISH** — **LANGUAGE TOGGLE**

X **CLOSE**

🏠 **HOME**

BACK **NEXT** — **PAGE TURNING**

PAGE PREVIEW

2

Animales en mi patio
ZARIGÜEYAS

CONTENIDO

Conoce a la zarigüeya.

Es más o menos del tamaño
de un gato doméstico.

La madre cuida a sus bebés
y los cobija en su bolsa
marsupial.

En la bolsa marsupial, los
bebés se alimentan y crecen.

6

7

Los bebés se llaman crías.

La zarigüeya carga a sus crías en la espalda.

Huele con su nariz.

Con su nariz, ella puede encontrar alimento.

Come casi toda clase de alimentos que encuentra.

Los alimentos que encuentra son insectos, frutas, hierbas y huevos.

Trepa a lo alto de los árboles.

En lo alto de los árboles se
mueve con la ayuda de su cola.

Come con cincuenta dientes afilados.

Con cincuenta dientes afilados, ahuyenta a otros animales.

Le gusta estar en lo alto, pero vive bajo tierra.

Bajo tierra, construye su casa con hojas.

Si te encuentras con la zarigüeya, podría hacerse la muerta. No la toques.

Si te encuentras con la zarigüeya, aléjate.

21

DATOS ACERCA DE LA ZARIGÜEYA

Esta página proporciona más detalles acerca de los datos interesantes que se encuentran en este libro. Basta con mirar el número de la página correspondiente que coincide con el dato.

Páginas 4–5

Las zarigüeyas son del tamaño de un gato doméstico grande. Sus caritas puntiagudas son blancas con la nariz rosada. Tienen orejas negras sin pelo. Miden entre 7 y 41 pulgadas (17 y 104 cm.) de largo, incluyendo la cola. Es un tipo de mamífero llamado marsupial, ya que vive dentro de la bolsa marsupial de la madre cuando es pequeño.

Páginas 6–7

Los bebés de zarigüeya se llaman crías. Al nacer son del tamaño de una abeja. Viven en la bolsa marsupial de la madre por 2 meses. Allí se alimentan de leche materna y empiezan a crecer. Sin la bolsa marsupial de la madre no podrían sobrevivir hasta la adultez.

Páginas 8–9

Al cabo de varios meses, las crías se asoman de la bolsa por primera vez. Después abandonan la bolsa y siguen creciendo. Cuando jóvenes, a menudo regresan a la bolsa y la zarigüeya las carga en la espalda. Cuando tienen alrededor de un año, la zarigüeya es adulta y está lista para vivir por su cuenta.

Páginas 10–11

Las zarigüeyas tienen un agudo sentido del olfato. Lo pueden usar para buscar alimento. Las zarigüeyas no ven ni oyen muy bien, de modo que también usan su sentido del olfato para guiarse en su entorno y evitar peligros.

Páginas 12–13

Come casi toda clase de alimentos que encuentra.

Los alimentos que encuentra son insectos, frutas, hierbas y huevos.

Las zarigüeyas son omnívoras. Es decir que comen plantas y animales. Comen grillos, escarabajos, mariposas, lombrices y larvas. En la primavera comen huevos de ave. Ranas, lagartijas, culebras y conejos pequeños también forman parte de su dieta. Comen una gran variedad de frutas y bayas.

Páginas 14–15

Trepa a lo alto de los árboles.

En lo alto de los árboles se mueve con la ayuda de su cola.

Las patas y la cola larga de la zarigüeya le sirven para trepar a los árboles y escapar de los depredadores. Tiene cinco dedos con uñas en las patas delanteras. Cada pata trasera tiene cuatro dedos y un pulgar oponible. Esto, junto con la poderosa cola, permite que la zarigüeya trepe con facilidad.

Páginas 16–17

Come con cincuenta dientes afilados.

Con cincuenta dientes afilados, ahuyenta a otros animales.

Las zarigüeyas tienen cincuenta dientes en la boca. Tienen más dientes que cualquier otro mamífero terrestre en Norteamérica. Los dientes les ayudan a masticar. Muestran los dientes para ahuyentar a sus enemigos. Sisean o chillan cuando se sienten amenazadas.

Páginas 18–19

Le gusta estar en lo alto, pero vive bajo tierra.

Bajo tierra, construye su casa con hojas.

Las zarigüeyas viven cerca de los arroyos en bosques por todo Norteamérica. Se las ve en lo alto de los árboles o en los troncos huecos por el suelo. Algunas viven en las madrigueras que han abandonado las marmotas. El hogar de la zarigüeya se llama guarida. En sus guaridas hacen nidos de hojas.

Páginas 20–21

Si te encuentras con la zarigüeya, podría hacerse la muerta. No la toques.

Si te encuentras con la zarigüeya, aléjate.

A veces, si tiene miedo, se hace la muerta. Se voltea hacia un costado, cierra los ojos y saca la lengua. Puede quedarse quieta por horas, pero a menudo huye cuando tiene miedo. Si te encuentras con una zarigüeya, ya sea que esté quieta o en movimiento, mantente alejado. Muerde y si se hace la muerta, tiene miedo.

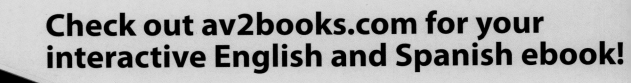

Check out av2books.com for your interactive English and Spanish ebook!

1 Go to av2books.com

2 Enter book code

K 5 6 3 3 1 0

3 Fuel your imagination online!

www.av2books.com

Published by AV² by Weigl
350 5th Avenue, 59th Floor New York, NY 10118
Website: www.av2books.com   www.weigl.com

McGill, Jordan.
  [Opossums. Spanish]
  Zarigüeyas / Jordan McGill.
     p. cm. -- (Animales en mi patio)
  ISBN 978-1-61913-194-1 (hardcover : alk. paper)
  1. Opossums--Juvenile literature. I. Title.
  QL737.M34M4418 2012
  599.2'76--dc23

                              2012018766

Printed in the United States of America in North Mankato, Minnesota
1 2 3 4 5 6 7 8 9 0 16 15 14 13 12

012012
WEP170112

Senior Editor: Heather Kissock
Art Director: Terry Paulhus

Weigl acknowledges Getty Images as the primary image supplier for this title.